Tú puedes dividir

por Danielle Carroll

Consultant: Brad Laager, MA, Math Educator
Little Falls Community Middle School

Libros
sombrilla
amarilla
para lectores principiantes

Libros sombrilla amarilla are published by Red Brick Learning
7825 Telegraph Road, Bloomington, Minnesota 55438
http://www.redbricklearning.com

Editorial Director: Mary Lindeen
Senior Editor: Hollie J. Endres
Senior Designer: Gene Bentdahl
Photo Researcher: Signature Design
Developer: Raindrop Publishing
Consultant: Brad Laager, MA, Math Educator, Little Falls Community Middle School
Conversion Assistants: Katy Kudela, Mary Bode

Library of Congress Cataloging-in-Publication Data
Carroll, Danielle
  Tú puedes dividir / by Danielle Carroll
    p. cm.
  Includes index.
  ISBN 13: 978-0-7368-7345-1 (hardcover)
  ISBN 10: 0-7368-7345-7 (hardcover)
  ISBN 13: 978-0-7368-7437-3 (softcover pbk.)
  ISBN 10: 0-7368-7437-2 (softcover pbk.)
  1. Division—Juvenile literature. 2. Arithmetic—Juvenile literature. I. Title.
  QA115.C245 2005
  513.2'14—dc22
                                                      2005015739

Adapted Translation: Gloria Ramos
Spanish Language Consultant: Anita Constantino

Photo Credits:
Cover–Page 13: Signature Design; Page 14: Tom & Dee Ann McCarthy/Corbis

1 2 3 4 5 6 11 10 09 08 07 06

Contenido

¿Qué es división?

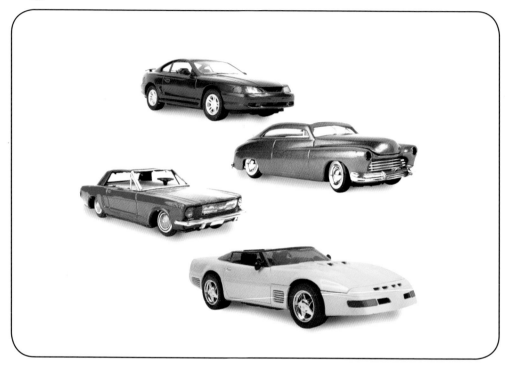

Cuando tomamos un grupo grande y lo ponemos en **grupos** más pequeños, estamos **dividiendo**. Si tenemos 4 carros y queremos dividirlos en 2 grupos **iguales**, ¿cuántos carros tendrá cada grupo?

Cada grupo tendrá 2 carros. Decimos, "Cuatro dividido entre dos es igual a dos."

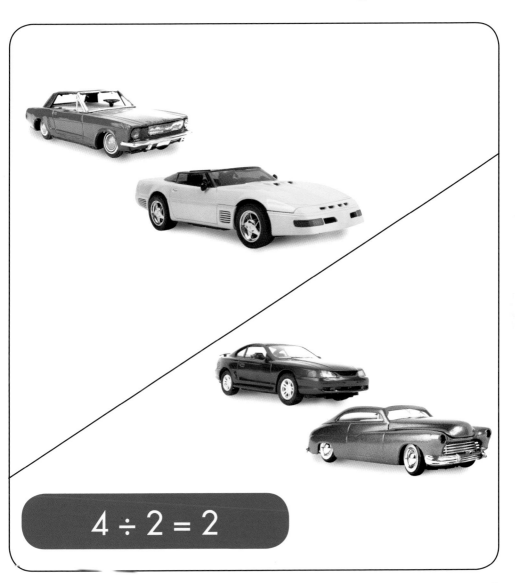

$$4 \div 2 = 2$$

¡Divídelo!

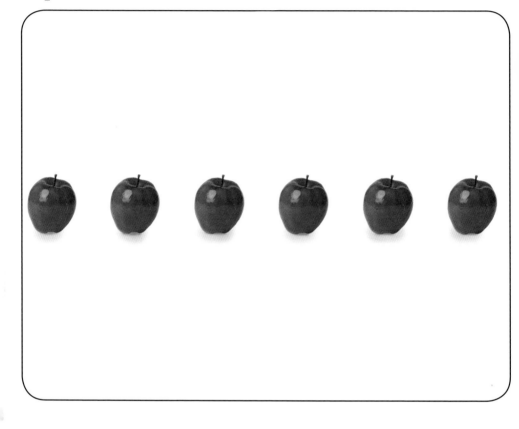

Imagina que tienes 6 manzanas rojas
que quieres dividir en 2 grupos iguales.
¿Cuántas manzanas tendrá cada grupo?

Para resolver este problema de división, divide las 6 manzanas por 2. Decimos, "Seis dividido entre dos es igual a tres."

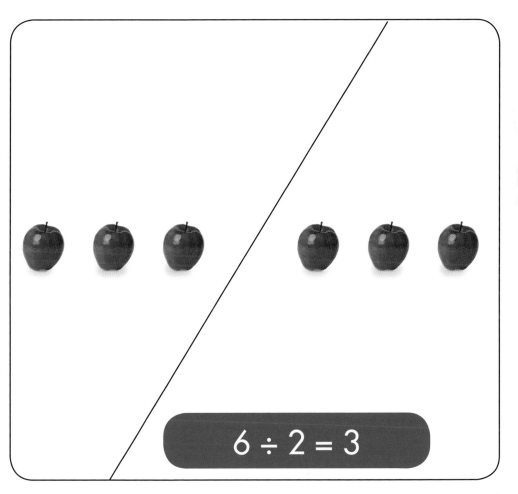

$$6 \div 2 = 3$$

Imagina que tienes 8 globos. Quieres dividir los globos en 2 grupos. ¿Cómo los vas a dividir? Divides los 8 globos entre 2.

Si divides 8 entre 2, tendrás 2 grupos de 4 globos. Decimos, "Ocho dividido entre dos es igual a cuatro.

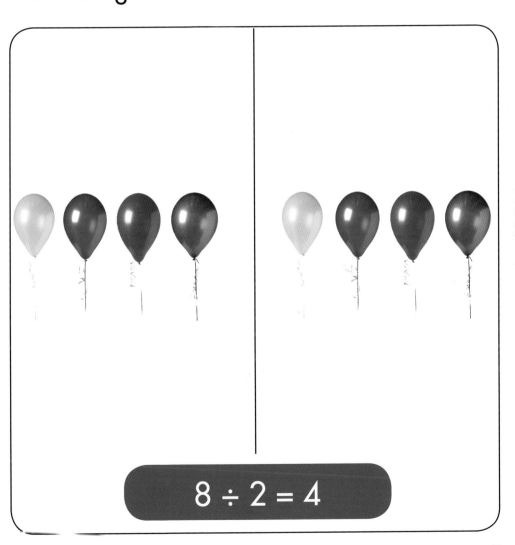

$$8 \div 2 = 4$$

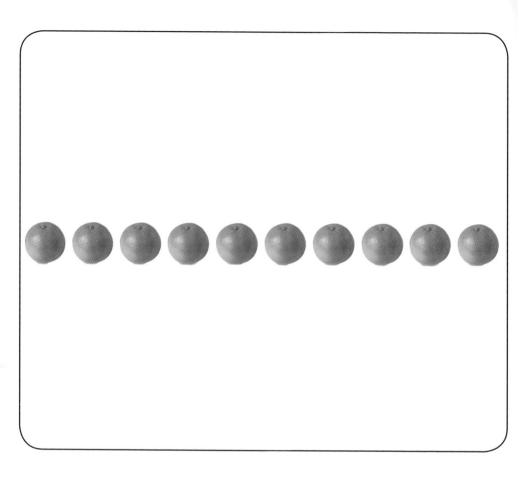

Digamos que tienes 10 naranjas y las quieres poner en dos grupos iguales. ¿Cómo las vas a dividir? Como quieres 2 grupos iguales, vas a dividir las 10 naranjas entre 2.

Ahora las naranjas están en dos grupos.
¿Cuántas naranjas hay en cada grupo?
Hay 5. Decimos, "Diez dividido entre
dos es igual a cinco."

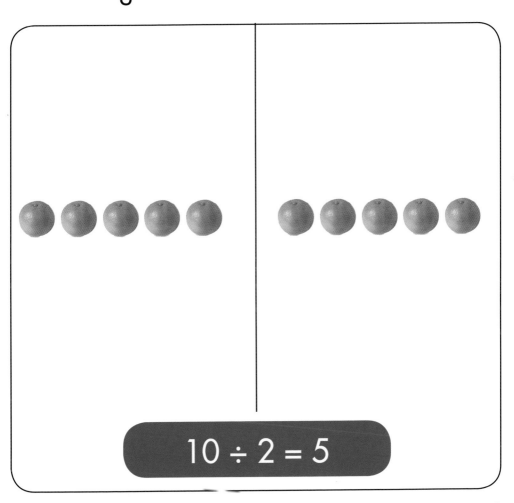

10 ÷ 2 = 5

12 ÷ 2 = 6

Si dividimos el número 12 entre 2,
¿cuántos grupos estaremos haciendo?
Tomemos una **docena** de huevos y
hagamos 2 grupos iguales. Puedes ver
que 12 se puede dividir en 2 grupos de 6.

Ahora vamos a ver qué pasa cuando dividimos una docena de huevos en 3 grupos. Los 12 huevos se pueden dividir en 3 grupos de 4. Decimos, "Doce dividido entre tres es igual a cuatro."

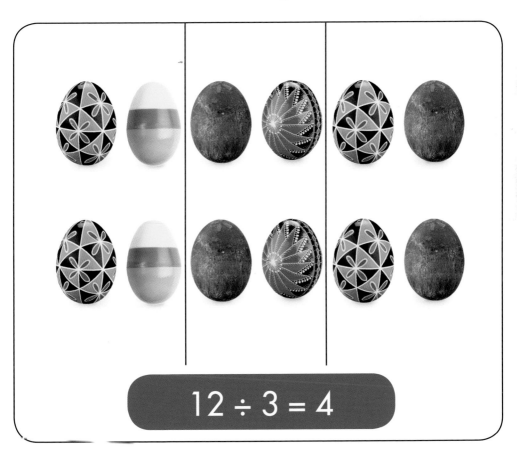

12 ÷ 3 = 4

Inténtalo

Ahora es tu turno. Cuenta los gatos en esta foto. ¿Cuántos grupos de gatos ves? Suma los gatos de cada grupo.

Hay 10 gatos que están en 2 grupos iguales. Eso quiere decir que hay 5 gatos en cada grupo.

Ahora mira el problema de división. ¿Es esta la ecuación correcta para representar la foto de los gatos? ¡Sí! Eso es lo que dice la ecuación.

$$10 \div 2 = 5$$

Tú puedes dividir

Grupo 3

Grupo 1

$$12 \div 3 = 4$$

Grupo 2

Si divides este grupo de personas en 3 grupos más pequeños, ¿cuántas personas tendrá cada grupo? Cada grupo tendrá 4 personas. Lo hiciste bien y como puedes ver, ¡tú sí puedes dividir!

14

Glosario

dividir   tomar un grupo de casas y
                   separario en dos grupos o más

docena   doce

grupo   un número de personas o de
                   cosas que están juntas

igual   exáctamente lo mismo

problema   una pregunta que hay que
                   contestar or resolver

Índice

Word Count: 347
Guided Reading Level: L